BEI GRIN MACHT SICH IHR WISSEN BEZAHLT

Immanuel Haller

Der Buddhismus im Vergleich mit dem Evangelium der Bibel

Ist das Leben Leiden? Missionstheologischer Exkurs Christentum-Buddhismus

GRIN Verlag

Bibliografische Information der Deutschen Nationalbibliothek:

Die Deutsche Bibliothek verzeichnet diese Publikation in der Deutschen National-
bibliografie; detaillierte bibliografische Daten sind im Internet über http://dnb.d-
nb.de/ abrufbar.

Impressum:

Copyright © 2012 GRIN Verlag, Open Publishing GmbH
Druck und Bindung: Books on Demand GmbH, Norderstedt Germany
ISBN: 978-3-656-53025-1

Dieses Buch bei GRIN:

http://www.grin.com/de/e-book/263637/der-buddhismus-im-vergleich-mit-dem-
evangelium-der-bibel

GRIN - Your knowledge has value

Der GRIN Verlag publiziert seit 1998 wissenschaftliche Arbeiten von Studenten, Hochschullehrern und anderen Akademikern als eBook und gedrucktes Buch. Die Verlagswebsite www.grin.com ist die ideale Plattform zur Veröffentlichung von Hausarbeiten, Abschlussarbeiten, wissenschaftlichen Aufsätzen, Dissertationen und Fachbüchern.

Besuchen Sie uns im Internet:

http://www.grin.com/

http://www.facebook.com/grincom

http://www.twitter.com/grin_com

INHALTSVERZEICHNIS

IST DAS LEBEN LEIDEN? MISSIONSTHEOLOGISCHER EXKURS CHRISTENTUM-BUDDHISMUS

Einführung

Der Buddhismus fasziniert viele Menschen im Westen, ist in den Massenmedien dabei häufig präsent und wird fast immer positiv dargestellt, er gilt als „Trendreligion". Dabei liegt es auf der Hand, dass viele Wunschvorstellungen über den Buddhismus im Umlauf sind, da er mit den westlichen Denkkategorien nur schwierig zu erfassen ist. Was sind aber überhaupt die wichtigsten buddhistischen Lehrsätze und inwiefern unterscheiden sich diese von einer evangelisch-christlichen Auffassung?

Nachfolgende Studienarbeit präsentiert als erstes Kapitel einen Kurzüberblick über die wichtigsten buddhistischen Lehren aus einer systematisch-theologischen Perspektive. In einem zweiten Kapitel wagt der Autor einen Vergleich dieser Lehren mit den Lehren der Bibel indem er Gemeinsamkeiten und Unterschiede herausarbeitet. Im dritten und letzten Kapitel werden abschließend noch einige Grundsatzbemerkungen zur Mission unter Buddhisten aus evangelischer Perspektive ausgeführt.

1. DIE LEHRE DES BUDDHISMUS ÜBER DAS LEIDEN

1.1 Buddhas Verständnis von Leid anhand seiner Biographie

Heute wird angenommen, dass der Mann, dem die Gründung des Buddhismus zuzuschreiben ist, auch wirklich gelebt hat (450-370 v. Chr. oder 563-483 v. Chr.). Die historischen Angaben seiner Lebensgeschichte sind jedoch sehr früh von legendären Zügen überwuchert worden, die man nicht mehr säuberlich von dem Geschichtlichen absondern kann (Siegmund 1968:26). Buddha wurde als Sohn eines adligen Großgrundbesitzers geboren. Seine Mutter soll sieben Tage nach seiner Geburt gestorben sein (:32). Sein Leben war geprägt von Luxus und Abgeschiedenheit von der Realität des normalen Lebens. Sein Vater versuchte, alles von seinem Sohn fern zu halten, was ihn an das Leid der Welt hätte erinnern können. Nach der Tradition besaß der heranwachsende Siddharta Gautama die standesgemäße Ausstattung von drei Palästen, die darauf ausgerichtet waren, gemäß dem Wechsel von Winter, Sommer und Regenzeit bewohnt zu werden. In ihnen mag sich das damals übliche Hofleben mit der monotonen Wiederkehr der verschiedenen Formen des „Zeit-Vertreibs" abgespielt haben. Wahrscheinlich wurde der Prinz früh verheiratet und hatte neben seiner Frau auch noch viele Nebenfrauen. Dieses untätige Fürstenleben wurde wohl dem Buddha zu eng und war der Grund seiner Flucht aus dem Hause. So steht am Anfang der buddhistischen Lehre keine Not des täglichen Lebens, zu welcher Buddha eine Lösung suchte, sondern vielmehr eine Sattheit, welche in Buddhas Leben eine Leere entstehen ließ.

Im Alter von 29 Jahren verließ Buddha das Haus seines Vaters, um nach einer Antwort auf das Leid der Welt, das er trotz Verbotes seines Vaters, seinen Landsitz zu verlassen, bei seinen Ausflügen in die Welt kennen gelernt hatte, zu suchen. Dabei soll er stillschweigend von der schlafenden Gattin und dem erst gerade neugeborenen ersten Sohn Abschied genommen haben. Nur von seinem treuen Wagenlenker begleitet ritt er bis zu dem Flecken Anuvaieya, wo er vom Pferde stieg, seine Schmucksachen ablegte, die seidenen Gewänder mit einem Bastgewand vertauschte und seine Begleiter zurückschickte, um seinem verzweifelten Vater, der untröstlichen Gattin und Familie Kenntnis von seinem Schritt zu geben. Er wandte sich an zwei namhafte Yogalehrer; verließ diese wieder und versuchte, durch Askese zur Erlösung zu kommen. Dann versuchte er es mit Meditation, darin hatte er Erfolg. Es erschloss sich ihm eine Bewusstseinsschicht nach der anderen (Frey 2004:6).

Das entscheidende Erlebnis hatte er mit 36 Jahren: ein meditativer Durchbruch. Buddha kam zu folgender Einsicht: Alles Leben in all seinen Formen ist leidvoll, der Ursprung des Leidens liegt in der menschlichen Begierde und nur durch die Aufhebung der Begierde bis zur völligen Leidenschaftslosigkeit kann das Leid überwunden werden (siehe auch die „vier edlen Wahrheiten"). Nun war Siddharta zum *Buddha* geworden und hatte das *Nirvana* erreicht.

Er wusste, dass er nicht wiedergeboren werden würde, nannte sich von da an Buddha, „der Erleuchtete" und war absolut überzeugt von seiner Erlösung. Zuerst wollte Buddha seine Erkenntnis für sich behalten, weil er meinte auf Unverständnis zu stoßen, teilte sie dann aber doch - aus Mitgefühl. Buddha verfügte über eine hervorragende Menschenkenntnis. Er gewann bald Anhänger und gründete eine sehr elitäre Mönchsbewegung. Nach ihrer Ausbildung schickte er seine Mönche auf „Missionsreise". Die großen Missionserfolge erklären sich durch das beispielhafte Leben, das Buddha und seine Mönche lebten und nicht nur lehrten.

Buddha war von seinem 36. bis 80. Lebensjahr mit seinen *Bhikkhus* (Mönchen) auf der Wanderschaft in Nordindien. Nur die Regenzeit verbrachte er in Klöstern. Mit 80 Jahren erkrankte Buddha auf einer Reise und verwies die Mönche vor seinem Tod als Meister auf seine Lehre und Ordensregeln, die wichtiger seien als er selbst. Deshalb sei sein Tod nicht so schlimm. Nicht die Person Buddhas steht also heilsgeschichtlich im Mittelpunkt, sondern die Lehre.

Buddha hielt vor seinem Tod eine Abschiedsrede mit einer Ermahnung: „Bemüht Euch angestrengt (Frey 2004:6)." Sein Leichnam wurde verbrannt und die Knochen und Asche an seine Anhänger verteilt, und an seine Familie, die ihm/daraus eine *Stupa*[1] (Reliquienhügel) errichtete. Nach seinem Tod entwickelten sich ein Reliquienkult und viele verschiedene Formen des Buddhismus.

---

[1] Bezeichnung für glockenförmigen Reliquienbehälter oder Grabmal buddhistischer Heiliger. Ein buddhistisches Heiligtum, das den erleuchteten Geist Buddhas darstellt. Birgt meistens Reliquien und magische Sprüche in sich und dient als Brücke zwischen der physischen / sichtbaren und der spirituellen /unsichtbaren Welt (Kamphuis 2003:27).

1.2 Die vier edlen Wahrheiten

Das Element des Leidens ist zentral für den buddhistischen Glauben. Auf der Suche nach Antworten auf die Fragen des Lebens erlebt Buddha einen meditativen Durchbruch und erlangt darin die Erkenntnis der Erlösung; er erkennt die „vier edlen Wahrheiten":

1) **Die edle Wahrheit vom Leiden**

   Das Leben ist Leiden. Alle fünf Gruppen von Daseinsfaktoren[2] sind Leiden (Geburt, Altern, Krankheit, Tod, von Lieben getrennt sein, Vereinigung mit Unlieben …).

2) **Die edle Wahrheit vom Entstehen des Leidens**

   Das Leiden entsteht durch die Begierden, durch den Durst nach Sinneslust, Werden und Vergehen.

3) **Die edle Wahrheit von der Aufhebung des Leidens:**

   Aufhebung dieses Durstes wird möglich durch völlige Leidenschaftslosigkeit: aufgeben, verlassen, sich abwenden von diesem Durst.

4) **Die edle Wahrheit vom Weg, der zur Aufhebung des Leidens führt:**

   Der edle achtteilige Pfad.

Nachfolgend beschreibe ich diese vier Wahrheiten, in Anlehnung an Frey (2004:3ff.) noch einzeln.

1.2.1 Die edle Wahrheit vom Leiden (I)

Der zentrale Begriff zum Verständnis der Weltanschauung des Buddhismus ist *Dukha*[3], „das Leiden": Das Leben ist immer Leiden. Das Leiden beginnt schon zu Beginn des Lebens mit der Geburt, weil sie dem Säugling Schmerzen bereitet. Es gibt vier große Leiden, denen jedes Wesen unterliegt: Geburt – Altern – Krankheit – Tod.

Das Leiden ist jedoch noch mehr als Schmerz. Es umfasst jede Empfindung, auch die positiven, denn alles bewirkt Leid. Glück vergeht und bewirkt so Schmerz. Also ist alles, was empfunden wird, Leiden. Auch Lust, denn sie ist nicht von Dauer. Daher sind die

---

[2] Siehe dazu die Ausführungen unter 1.2.1 sowie 1.3.1.

[3] *Dukkha* (pali दुक्ख; Sanskrit दुःख duḥkha ‚schwer zu ertragen') ist ein Schlüsselbegriff im Buddhismus, der meist als „Leiden" übersetzt wird.

Freuden des Daseins nur verhülltes Leiden. Jedes Leben ist Leiden, sonst ist kein Leben. Der Mensch ist somit ein Haufen Leiden.

1.2.2 Die edle Wahrheit vom Entstehen des Leidens (II)

Es ist der Durst, *Tanha*[4], der zur Wiedergeburt führt und auch die Ursache des Leidens ist. Der Durst ist die unersättliche, sich immer erneuernde Begierde des Menschen, die unablässig nach Befriedigung sucht. Er ist eine der Triebkräfte des Menschen. Er ergötzt sich mal hier, mal dort: Es gibt keine dauernde Befriedigung des Durstes und auch kein bleibendes Objekt der Begierde. Alles ist begierig. Der Mensch ist Verkörperung der Begierde: Wille, Leidenschaft, Gier, Freude – das ist das Wesentliche an einem Lebewesen und verknüpft die verschiedenen Existenzen. Die Gier verknüpft Vergangenheit, Gegenwart und Zukunft miteinander.

1.2.3 Die edle Wahrheit von der Aufhebung des Leidens (III)

Wenn der Durst die Ursache des Leidens ist, so ist folgerichtig die Aufhebung des Durstes die Aufhebung des Leidens. Wie man zu einer Aufhebung des Durstes kommen kann, dies lehrt uns der achtteilige Pfad.

1.2.4 Die edle Wahrheit vom Weg, der zur Aufhebung des Leidens führt (IV) – Der achtteilige Pfad

Der edle achtfache Pfad, welcher zur Erlösung aus dem *Samsara*[5] und zum Eingehen ins *Nirvana* führt (d.h. zum Erlangen der Buddhaschaft), kann in drei Gruppen aufgeteilt werden und ist folgender:

<u>Die Gruppe der Erkenntnis</u>

1)   **rechte Anschauung**

Die Kenntnis der vier edlen Wahrheiten und die vorbehaltslose Annahme der damit verbundenen Lehre.

---

[4] *Tanhā* (Pali: Taṇhā, Sanskrit: Tṛṣṇā, Chin: 愛), kann mit Begehren, Verlangen, Durst oder Wollen übersetzt werden, der "Ich-will"- oder "Ich-will-nicht"-Geist. *Tanhā* ist nach buddhistischer Auffassung die Hauptursache für das Leid (*Dukkha*) und den Kreislauf der Wiedergeburten (Samsara). Mit *Tanha* sind alle Formen des Verlangens gemeint, ob sie sich auf Nahrung, Leben, Sex, oder irgendein anderes Objekt richten. Als Nährboden für *Tanha* gilt die Illusion eines festen Wesenskerns, erst wer diese Illusion überwunden hat (*Anatta*), kann auch *Tanha* überwinden. (Wikipedia 2013. Tanha)

[5] *Samsara* (Sanskrit, n., संसार, saṃsāra, wörtl.: „beständiges Wandern") ist die Bezeichnung für den immerwährenden Zyklus des Seins, den Kreislauf von Werden und Vergehen bzw. den Kreislauf der Wiedergeburten in den indischen Religionen Hinduismus, Buddhismus und Jainismus. (Wikipedia 2013. Samsara)

Die Gruppe der moralischen Gebote

2)   rechte Gesinnung

Ein Freisein-Können von Begierde, Bosheit und Gewalttätigkeit ist die rechte innere Haltung! Der richtige Umgang mit allen Menschen ist die Friedfertigkeit.

3)   rechtes Reden

Zur rechten Zeit reden, in freundlicher Gesinnung reden, sanft reden: Reden soll beschränkt sein auf das, was auf die Erlösung bedacht ist und ihr dient, dazu gehört auch die Unterlassung von Lüge, Verleumdung, schimpfen und schwatzen.

4)   rechtes Tun

Unterlassen von töten, stehlen, unkeusch sein.

5)   rechtes Leben

Nur so viel zu sich nehmen, wie für das Leben notwendig ist. Buddha hatte für sich und seine Mönche verordnet, dass eine Mahlzeit pro Tag, am Vormittag zu sich genommen, genüge.

6)   rechtes Streben

Richtet sich darauf, die noch nicht entstandenen guten Wesenszüge und Empfindungen in sich zum Entstehen und zur Vollendung zu bringen.

Die Gruppe der Meditation:

7)   rechtes Überdenken

Gemeint ist ein besonnenes Betrachten des Körpers, der Empfindungen, des Denkens und aller Dinge. Beim Atmen, Essen, Gehen, Stehen, … soll sich der Mönch[6] seine Vergänglichkeit bewusst machen. Er denkt daran, dass alle diese Handlungen seines Körpers vergänglich sind. Er betrachtet seinen Körper innerlich bis ins Detail. Alles soll bewusst geschehen. Bei der Betrachtung des Denkens prüft er, ob sein Denken rein und geläutert ist, denn das ist das Ziel. Bei der Betrachtung der Dinge vergegenwärtigt sich der Mönch die Gruppe der Daseinsfaktoren mit

---

[6] Nur ein Mönch kann alle Forderungen eines weltflüchtigen Lebens erfüllen. In der Tat lehrte Buddha zunächst, nur der Mönch sei imstande, das Ziel der Erlösung zu erreichen. Auch ließ er anfangs zum Mönchsleben nur Männer zu, erst später und widerstrebend auch Frauen. Nach Buddhas ursprünglicher Lehre vermögen Laien, solange sie in ihrem Stande verbleiben, der Erlösung nicht teilhaftig werden. Sie dürfen aber als Gäste aufgenommen werden und können sich als solche den Vorzug verdienen, in einer späteren Existenz als Mönche die Erlösung zu gewinnen (Siegmund 1968:183). In diesem Sinn bleibt der Buddhismus in den ersten zwei Jahrhunderten nach dem Tod des Buddhas eine reine Mönchs- und Nonnenbewegung. Dies veränderte sich erst später, als der hinduistische König Asoka (268-232 v.Chr.) Buddhist wurde. Durch seinen Machtbereich und seine vielen Eroberungen in Nordindien setzte er durch, dass nicht nur Mönche und Nonnen sondern auch männliche und weibliche Laien zur buddhistischen Gemeinschaft (*Sangha*) gezählt werden konnten (Kamphus 2007:27).

dem Zweck, dadurch die vollständige Herrschaft über sie zu gewinnen. An dieser Stelle steht auch eine minutiöse Selbstanalyse.

8) rechtes Selbstversenken

Durch die Meditation (mit Hilfe von Meditationshilfen) soll ein zeitweise ekstatischer Zustand des Aus-sich-herausgetreten-Seins erreicht werden. Dieser Zustand ist als Folge von Konzentration auf ein bestimmtes Objekt möglich. Durch die Konzentration wird „Einspitzigkeit" des Denkens angestrebt. Das Denken wird auf einen Punkt fixiert, so dass dieser Punkt allein im Lichte des Erkennens ist, und alle andern Objekte ins Dunkle rücken. Alles andere ist ausgeschaltet (Frey 2004:4).

Es gibt neun Stufen der Versenkung, die ein Meditierender der Reihe nach durchläuft. Auf den Stufen 5-9 werden die Grenzen der Sinneswelt überschritten und es stellt sich eine innere Loslösung vom eigenen Bewusstsein ein. Das transzendentale (kosmische) Bewusstsein wird berührt. Buddha schildert selbst, wie er in diesem Zustand zurückschauen konnte in seine früheren Existenzen und über sein Ableben und Wiederentstehen Klarheit bekam. Auch habe er hier die vier edlen Wahrheiten der Erlösungserkenntnis erkannt und verstanden.

In der starken Betonung der Meditation und in der Beschäftigung mit sich selbst tritt ein wesentlicher Zug des Buddhismus hervor. Das Mittel der Erlösung ist also die Meditation. Damit strebt der Buddhist dem *Nirvana*, der Erlösung, entgegen.

1.3   Das Nirvana - Zustand der Leidenserlösung

1.3.1 Wesensklassen für Wiedergeburten

Buddhisten unterscheiden sechs Wesensklassen, in die man wiedergeboren werden kann. Diese sind: Götter, Halbgötter, Menschen, Tiere, hungrige Geister oder Höllenwesen. Götter leiden am wenigsten und Höllenwesen am meisten. Da das Maß des Leidens der Menschen genau in der Mitte liege, seien sie am ehesten motiviert und in der Lage, zur Erleuchtung zu gelangen (Kamphuis 2007:20). Nach der Lehre des Buddhismus muss der Mensch so lange in dem „Rad der Wiedergeburt" (*Samsara*) bleiben, bis er erleuchtet ist. Oft wird der Begriff Reinkarnation („Wiederfleischwerdung") verwendet, doch deckt dieses Wort die buddhistische Bedeutung der „Wiedergeburt" nicht ganz ab, denn die Wesensklassen der Götter und der Geister haben keinen fleischlichen Körper. Auch der hier im Westen viel verwendete Begriff „Seelenwanderung" ist für das buddhistische

Verständnis unangebracht, da bei der Verwendung dieses Begriffs davon ausgegangen wird, dass es eine Seele gibt, einen unsterblichen Wesenskern, der sich in einem nächsten Körper weiterentwickeln könne (:20). Buddhisten gehen jedoch davon aus, dass es keine Seele gibt. Eine Seele, das Ich oder das Individuum gibt es als solches nicht. Der Mensch besteht gemäß Ihrer Lehre aus folgenden fünf Daseinsfaktoren (*Dharma* oder auch *Dhammas* genannt):

- Das Materielle
- Gefühle, Empfindungen
- Unterscheidungsvermögen, Wahrnehmung
- Triebkräfte, Willensregungen
- Das Bewusstsein

Diese einzelnen Partikel sind in ständiger Bewegung, sodass sich ständig neue Konstellationen ergeben. Der Buddhismus betrachtet den Menschen somit als einen Teil des Universums, ein System verschiedener Teile, die sich ständig ändern.

1.3.2 Sprengung des Daseinskreislaufs

Was den Tod überdauert, ist einerseits die Lebensbegierde, anderseits das *Karma*[7], die Frucht der Taten des Menschen. Diese beiden sind es, welche den Zusammenhang zwischen den verschieden Existenzen herstellen und bald nach dem Tod zu einer neuen Wiederverkörperung führen (Siegmund 1968:102). Dieser Zwang des Wiedergeborenwerdens ist für die Hinduisten und Buddhisten aber letztlich unbefriedigend, da keine Existenz vollkommen sein kann. Somit ist das Ziel und die Sehnsucht die Unterbrechung dieses Kreislaufs. Wer also das *Nirvana* erreicht, sprengt den Kreislauf der Wiedergeburten resp. das „irdische" Dasein wird überwunden (Frey 2004:13).

1.3.3 Erleuchtung = „Nichts" oder „Leere"

Kern von allem Wesen sei die Leere oder der Zustand *Bodhi*[8] (Kamphuis 2007:20). Die Wörter „Nichts" oder „Leere" (Sanskrit: *Shunyata*) beziehen sich auf die „Leerheit" aller

---

[7] *Karma* (n., Sanskrit: कर्मन् karman, Pali: kamma „Wirken, Tat") bezeichnet ein spirituelles Konzept, nach dem jede Handlung – physisch wie geistig – unweigerlich eine Folge hat. Diese muss nicht unbedingt im aktuellen Leben wirksam werden, sondern kann sich möglicherweise erst in einem der nächsten Leben manifestieren (Wikipedia 2013. Karma).

[8] *Bodhi* (Sanskrit und Pali; wörtlich: Erwachen, häufig auch mit Erleuchtung übersetzt) bezeichnet im Buddhismus einen Erkenntnisvorgang, der auf dem vom Buddha gelehrten Erlösungsweg von zentraler Bedeutung ist. Das Wort stammt von einer Sanskrit-Wurzel, von der auch „Buddha" (wörtlich „der Erwachte") abgeleitet ist. (Wikipedia 2013. Bodhi).

Phänomene. Dies bedeutet, dass es allen Phänomenen an einem Wesenskern bzw. an Beständigkeit mangele. Im Kern seien alle Dinge und Wesen „leer", ohne eigenständige Existenz (Kamphuis 2007:21). Dies zu erkennen oder zu erfahren sei das erstrebenswerte Ziel. Dabei macht Buddha seinen Jüngern klar, dass jede Beschreibung dieses Ziels unzulänglich sei, denn jede Beschreibung vermittle den Anschein, als gäbe es etwas Wirkliches. Der erleuchtete Zustand könne nur erfahren und nicht mit Abstand betrachtet werden. Siddhartha (Buddha) erklärte seinem vertrautesten Jünger Shariputra das Verharren in diesem Zustand mit den Worten aus dem so genannten *Herz-Sutra*[9]. Dieser Text wird von vielen Buddhisten noch heute täglich rezitiert (Dalai Lama 2004:115ff.)

> „Shariputra, auf diese Weise sind alle Phänomene leer – ohne Eigenschaften (…) Daher, Shariputra, gibt es in der Leerheit keine Formen, keine Empfindungen, keine Wahrnehmung, keine geistigen Formkräfte, kein Bewusstsein, keine Augen, keine Ohren, keine Nase, keine Zunge, keinen Körper, keinen Geist, keine Formen, keine Töne, keine Gerüche, keine Geschmäcker, keine berührbaren Objekte, keine (anderen) Phänomene."

Der erlangte Zustand, auch „Vollkommenheit der Weisheit" genannt, wird mit Begriffen wie „Leerheit", „Erleuchtung", *Nirvana* oder *Bodhi* beschrieben. Das Erfahren dieses Zustands kann aber nur in Bildern angedeutet werden (Kamphuis 2007:22). So soll z.b. die Person wie eine Kerze verlöschen und sich im kosmischen „Nichts" auflösen.

1.3.4 Erleuchtung = Vollkommene Leidenserlösung

Der Buddhismus versteht unter *Nirvana* einen Zustand der vollkommenen Leidenserlösung. In diesem Zustand herrscht also vollkommene Ruhe, jenseits von Sein und Nichtsein (es ist aber kein nihilistischer[10] Zustand) und jenseits von Zeit und Raum.

Dabei geht es nicht darum, ob der Vollendete „ist" oder „nicht ist", sondern nur darum, dass ihm das Leiden erloschen ist. Weil dieses Leiden aus der Sonderung von bewusstem Subjekt und gegenüberstehendem Objekt entstanden ist, ist das Bewusstsein gelöscht; das Ich ist ins Unbewusste zurückgetaucht (Siegmund 1968:102). Buddha (in Siegmund 1968:97) spricht folgendes über die Erlösung von Leiden und das Ziel des Nirvana:

> „Das Leiden wird aufgehoben und vernichtet, indem der Durst erlöschen wird, indem jede Gier durch völlige Leidenschaftslosigkeit gänzlich zerstört wird. Wer diesen Durst bewältigt, der da brennt und nur schwer in dieser Welt besiegt wird, den berührt kein Leid mehr, wie Wasser niemals ein Lotosblatt benetzt. Die zu der Wanderung Ende Gelangten, zu Durst-, Trug- und Leiderlöschen zugleich, die trifft kein Schmerz mehr. Gefallen sind all ihre Fesseln. Allseitig frei stehen sie da."

---

[9] Ein *Sutra* (wörtlich: „Richtschnur" oder „Leitfaden") besteht aus unterschiedlichen Lehrreden Buddhas.
[10] Im philosophischen Sinn bezeichnet Nihilismus Lehren, die entweder die Existenz einer Wirklichkeit (metaphysischer Nihilismus), die Geltung eines Sittengesetzes (ethischer Nihilismus) oder den Bestand irgendeiner Wahrheit (logischer Nihilismus) verneinen.

Das Nirvana, das Endziel der Erlösung wird also durch die Verneinung des Lebenswillens erreicht, durch die Auslöschung aller Leidenschaften, der Aufhebung des *Karma* und die Beendung der Verblendung. Dabei lehnte es Buddha aber ausdrücklich ab, eine Erklärung darüber abzugeben, ob der Erlöste mit dem Tode zu existieren aufhört, weil sein Streben nach Befreiung vom Leiden erreicht sei (:179). Auf jeden Fall erreicht der buddhistische Heilige im Augenblick des völligen Erlöschens der Leidenschaften den absoluten inneren Frieden. Nukaria[11] (in Siegmund 1968:198) führt dies wie folgt aus:

> „Dann wird unser Geist völlig verwandelt. Wir sind nicht mehr gestört von Zorn und Hass, nicht mehr verwundet von Neid und Ehrgeiz, nicht mehr gekränkt von Sorge und Kummer und nicht mehr überwältigt von Traurigkeit und Verzweiflung."

Alle, die sich, die Nichtigkeit der Welt durchschauend, von dem gewöhnlichen „Haus-Leben" gelöst haben und in die unendliche Weite der Hauslosigkeit ausgewandert sind, wissen sich als „Erhabene". Das bloße Entsagen der Welt ist für die „Sieger" bereits die Vollendung von „in Heiligkeit zu wandeln, allem Leiden ein Ende zu machen (Siegmund 1968:83)". Wer letztlich das *Nirvana* erreicht, sprengt den Kreislauf der Wiedergeburten und das „irdische" Dasein wird so überwunden.

1.3.5 Nirvana - mit Worten nicht definierbar

Die Unerkennbarkeit und Unbestimmbarkeit des Nirvana legt ein Ausspruch Buddhas (in Frey 2004:4) dar:

> „Das Nirvana ist der Bereich, wo nicht Erde, Wasser, Feuer, Luft ist. Wo nicht der Bereich der Unendlichkeit des Raumes oder des Bewusstseins, nicht der Bereich der Nirgendetwasheit, noch der Grenze von Unterscheidung und Nichtunterscheidung, nicht diese Welt, nicht jene Welt, nicht wo Mond und Sonne ist, ohne Grundlage, ohne Fortgang, ohne Halt ist das Nirvana. Dies ist das Ende des Leidens."

Siegmund (1968:218) wie Kamphuis (2007:21) weisen darauf hin, dass hinter dem Wort *Nirvana* das in der buddhistischen Weltansicht vorausgesetzte „absolute Nichts" steht. Abrundend noch der Versuch, *Nirvana* als Begriffsdefinition zu beschreiben (Wikipedia 2011. Nirvana):

> Der Begriff ist schwer zu definieren und hat in der Rezeptionsgeschichte des Buddhismus im Westen zu Missverständnissen geführt. Im Verlauf einer längeren Übersetzungsgeschichte aus dem Sanskrit bis ins Thailändische wurde das Wort von dort aus zunächst mit „Nichts" in den westeuropäischen Sprachraum übertragen. *Nirvana* kann letztlich mit Worten nicht beschrieben werden, es kann nur erlebt und erfahren werden, zumeist in der Folge intensiver meditativer Schulung. Das Leben ist nach buddhistischer Ansicht mit einer Münze vergleichbar: Die eine Seite ist das *Samsara* (weltliche, relative Sicht), die andere ist Nirvana (überweltliche, absolute). Beide

---

[11] Kaiten Nukariya, war 1913 bei der Veröffentlichung dieser Schrift, Professor der KEI-O-GI-JIKU Universität und dem Buddhist College in Tokyo.

Seiten sind untrennbar miteinander verbunden. Nirvana ist kein Ort. Es ist kein Himmel und keine greifbare Seligkeit in einem Jenseits. Nirvana ist ein Abschluss, kein Neubeginn in einer anderen Sphäre. Es ist ein Wechsel in einen Zustand, in dem alle Vorstellungen und Wunschgebilde gleichsam überwunden und gestillt sind.

Zusammenfassend kann wohl gesagt werden, dass gerade weil Buddha es vermieden hat den Zustand des Nirvana zu definieren, sich je nach Glaubensrichtung und Interpretation ein anderes Bild ergibt.

1.4 Weltflucht, um Leiden zu verhindern?

Ursprung des Leidens ist alle menschliche Begehrlichkeit. Jede Begehrlichkeit führt in Leid und ist deshalb unwertig, soll beruhigt und abgestellt werden (Siegmund 1968:102). Im Buddhismus wird also kein Unterschied gemacht zwischen sachlich berechtigten und zu bejahenden Lebensantrieben und süchtig ausgefeuerten, die beschnitten werden müssen. Eine völlige Abwertung von Welt und Leben, wie die Forderung, Welt und Leben zu meiden, führt dazu, dass eigentlich nur Mönche die Vollendung erlangen können (:102). In der Tat lehrte Buddha zunächst, nur der Mönch sei imstande, das Ziel der Erlösung zu erreichen. Auch ließ er anfangs zum Mönchsleben nur Männer zu, erst später und widerstrebend auch Frauen. Nach Buddhas ursprünglicher Lehre vermögen Laien, solange sie in ihrem Stande verbleiben, der Erlösung nicht teilhaftig werden. Sie dürfen aber als Gäste aufgenommen werden und können sich als solche den Vorzug verdienen, in einer späteren Existenz als Mönche die Erlösung zu gewinnen (Siegmund 1968:183). Buddhas Lehre und Buddhas Lebensbeispiel gehören eng zusammen. Wer sein Jünger wurde, trat praktisch den gleichen Heilspfad an, den auch der Meister selbst gegangen war. Und dieser Pfad begann mit der Weltflucht, freiwilliger Armut und einem Leben als Bettelmönch (Reimer 2003:12). *Sangha* heißt diese buddhistische Mönchsgemeinschaft, die Buddha selbst ins Leben rief und die bis heute ein tragendes Element im Weltbuddhismus, egal welcher Richtung, geblieben ist.

Wer sich für ein Leben als Mönch entschließt, der unterzieht sich einem strengen Gelübde, bekommt Bart und Haare geschoren, wird in ein gelbes Gewand gekleidet und spricht eine Bekenntnisformel, die besagt: „Ich nehme meine Zuflucht zu Buddha, zum *Dhamma* „Gesetz", zum *Sangha* „Ordensgemeinschaft" (Reimer 2003:15)." Ein Leben in der Nachfolge Buddhas, unterworfen der Disziplin des rechten Gesetzes und der engen Gemeinschaft der mönchischen Mitstreiter, beginnt.

1.5 Ist das Leben Leiden?

Die Gedanken, die das Tun Buddhas bestimmen und seine Person prägen sollten, lagen alle im Brahmanismus der Zeit fertig vor. Längst war durch den Brahmanismus eine pessimistische Weltanschauung zur Herrschaft gelangt; das Leiden an der endlichen Welt mit ihrem Leid hatte die Idee der Erlösung wach werden lassen. Erlösung wurde in einer Welt-Entsagung gesucht nach dem Motto: „Das Höchste ist nicht handelndes Gestalten der Welt, sondern Sich-lösen von der Welt".

Dass der Buddhismus und Siddhartas / Buddhas „vier edle Wahrheiten" sehr viel mit seiner eigenen Biographie als Prinz, der vom abgeschirmten Luxusleben ausbricht, zusammenhängen, beleuchtet Siegmund (1968:53) wie folgt:

> Die „Grundwahrheit" des ganzen Buddhismus: Die Welt ist aus Leid gebaut, deshalb ist Weltflucht die einzig angemessene Haltung, ist im Grunde gar keine Feststellung im Bereich des Ontischen, noch geht es um eine Einsicht in den Seinsbestand der Welt. Vielmehr handelt es sich um eine Nach-außen-Projektion eines Innenerlebnisses derart, dass daraus ein Quasi-Prinzip der Welt gemacht wird, aus dem heraus alles erklärt und bewertet wird. […] Aus diesem Grunde ist es auch angebracht, Buddhas „Erleuchtung" zunächst auf ihre seelischen Hintergründe zu durchleuchten, statt sie mit logischen und ontologischen Kategorien anzugehen. Buddhas Urerlebnis ist eine „Enttäuschung" an der Welt, die sich zu einer Art „Verzweiflung" an ihr steigert.

Treffend fasst Siegmund (:30) zu Entstehung des Buddhismus zusammen:

> Der Buddhismus als geistige Bewegung ist aus keiner Not weder des täglichen Lebens, noch geistig-religiöser Art hervorgegangen; er ist aus keiner empörenden Erhebung gegen eine politische oder geistige Bedrückung noch als Reformbewegung aus einem Protest gegen einen religiösen Verfall erwachsen. Vielmehr ist sein Wurzelgrund eine bürgerliche Sattheit ohne Anreiz zu aktiver Not-Beseitigung, ohne Anruf an heroische Seiten des Menschenwesens.

Von den altindischen Weisheitslehren hat der Buddhismus also seine erste ausgesprochen pessimistische Grund-„Wahrheit" übernommen: Alles Leben in all seinen Formen ist Leid; Ursache des Leidens ist die jedem Leben innewohnende Begehrlichkeit, die wie ein fressendes Feuer ständig weiter um sich greift, weshalb Aufhebung des Leidens nur durch völliges Auslöschen dieses Feuers geschehen kann.

Buddha (in Siegmund 1968:93) selbst sagte hierzu:

> „Dies, ihr Mönche, ist die heilige Wahrheit vom Leiden: Geburt ist Leiden, Alter ist Leiden, Krankheit ist Leiden, Tod ist Leiden. Mit Unlieben vereint sein, ist Leiden. Nicht erlangen, was man begehrt, ist Leiden. Verlieren, woran man sein Herz hängt, ist Leiden. Kurz zusammengefasst: Die fünf Hauptbestandteile des Haftens am Einzeldasein, nämlich Körperlichkeit, Sinneswahrnehmung, Gedanken, Strebungen, Bewusstsein, sind alle mit Leiden verknüpft. Alle sind sie der Vergänglichkeit, dem Entstehen und Vergehen unterworfen und können das, was sie begehren, nicht erlangen oder behaupten (...) Diese fünf Hauptbestandteile oder Lebensgebiete haben sich nur auf Grund fortwirkender Bedingungen zusammengefunden, und sie bleiben nur so lange zusammen, wie diese nachwirkende und tragende Kraft der Bedingungen anhält. Und so sind allen Dingen dieser

Welt die Merkmale der Vergänglichkeit, der Leidensfülle und Wesenlosigkeit aufgeprägt. In der gesamten Welt der Erscheinungen treffen wir in unablässigem Kommen und Gehen nur Vergängliches, Leiderfülltes, Wesenloses an. Und solange man in diesem unaufhörlichen Wechsel bei dem Vergleichen, Unterscheiden, Entgegensetzen bleibt und fälschlich die Dinge für beständig und wesenhaft hält, bleibt man auch in Täuschung und Leiden befangen. In alledem ist nichts Absolutes und Endgültiges, ist kein Entrinnen und keine Erlösung anzutreffen. Da ist nichts, worauf man bauen kann. Mehr Tränen haben wir geweint, in diese Welt verstrickt, als Tropfen in den vier Weltmeeren anzutreffen sind."

1.6   Verschiedene Formen des Buddhismus

Da Buddha selbst keine Schriften hinterlassen hat, beruht die ganze Lehre auf der mündlichen Tradition seiner Mönche (später dann niedergeschrieben). Es entwickelten sich deshalb verschiedene buddhistische Schulen mit unterschiedlicher Lehre.

1.6.1   Das Buddhistische Glaubensbekenntnis

Will jemand[12] ein Buddhist werden und in die buddhistische Glaubensgemeinschaft aufgenommen werden, ist dies möglich wenn man seinen Glauben an die drei Schätze oder Juwelen in einer feierlichen Zeremonie wie folgt bekundet (Kamphuis 2007:27):

- „Ich nehme Zuflucht zu *Buddha* (Erleuchteter)."
- „Ich nehme Zuflucht zu *Dharma* (Lehre)."
- „Ich nehme Zuflucht zu *Shanga* (Glaubensgemeinschaft)."

Noch heute werden diese Sätze gesprochen, wenn Menschen Buddhisten werden. Sie drücken folgendes Vertrauen damit aus:

- Vertrauen in Buddhas Kompetenz als Erlösungshelfer. Dabei ist nicht seine Person, sondern seine Funktion als Wegweiser gemeint.
- Vertrauen in *Dharma* und in das Bemühen, diese Lehre auf ihren Wahrheitsgehalt zu testen.
- Vertrauen in *Shangha*, d.h., dass es auch andere gibt, die sich auf dem Weg befinden.

Den Ausführungen Kamphuis (2007:28) zufolge, der selber für längere Zeit den tibetischen Buddhismus praktiziert und in Zentren des Buddhismus gelebt hat, wird diese Zufluchtsformel aber nicht nur, wie z.B. im Islam, bei der Aufnahme in die Gemeinschaft der Gläubigen ausgesprochen, sondern täglich vor oder nach den Opferzeremonien oder Meditationssitzungen laut zitiert. Dieses Bekenntnis ist somit noch heute der größte gemeinsame Nenner der weltweiten buddhistischen Gemeinschaft.

---

[12] An dieser Stelle wird beschrieben, wie man als Laie in den Buddhismus aufgenommen werden kann.

1.6.2 Der Hinayana-Buddhismus (oder Theravada[13]-Buddhismus)

Der *Hinayana* Buddhismus („das kleine Fahrzeug') entstand ca. 100 Jahre nach dem Tode Buddhas in Ceylon. Da er vor allem in den südlichen Ländern vorkommt (Thailand, Burma, Kambodscha, Laos) wird er auch „Südlicher Buddhismus" genannt. Nach der Ansicht seiner Anhänger stellt diese buddhistische Richtung die ursprüngliche, reine Lehre von Buddha selbst dar. Das Hinayana zeigt in erster Linie den Weg zur Selbsterlösung durch den achtfältigen Pfad auf; im Hinayana gibt es so gut wie keine Kulthandlungen. Der Anhänger des Hinayana muss ein mönchisches Leben führen, d.h. Laien ist das Erlangen des Nirvana nicht möglich. Buddha wird als irdischer Mensch und Lehrer angesehen; als erstrebenswertes Ideal gilt der *Arhat* (d.h. der Heilige, der Weltensagende), welcher das völlige Erlöschen im *Nirvana* unmittelbar nach diesem Leben erlangt (Frey 2004:9). Im Hinayana-Buddhismus geht dabei jeder Einzelne für sich selbst den Weg der Erlösung. Ein Meister hilft also nur insoweit, als dass er seinem Schüler die rechte Anweisung gibt, wie und welche Meditationspraktiken er ausüben soll (Kamphuis 2007:29). Dem *Sutta Pitaka* („Korb der Lehren') zufolge soll sich Siddhartha im Laufe vieler Existenzen und Seinsweisen durch fortschreitende Reinigung allmählich zum Rang eines Buddha hinaufgearbeitet haben. Seinem Beispiel folgend ist zu erwarten, dass ein Anfänger mit Sicherheit viele „Leben" braucht, um das *Nirvana* zu erreichen (:30). Dieser Weg soll sehr langwierig und beschwerlich sein, und es heißt, dass nur wenige auf ihm zum Ziel kommen.

1.6.3 Der Mahayana-Buddhismus

Der *Mahayana*-Buddhismus („das große Fahrzeug') ist in Indien um 80 n.Chr., also ca. 400 Jahre nach Buddhas Tod entstanden. Der Mahayana-Buddhismus erkennt alle alten Lehrsätze des Hinayana an, ergänzt sie aber durch neue Anschauungen über die Stellung der Buddhas und der *Bodhisattvas* als Erlösungshelfer: Im Mahayana gibt es viel mehr Buddhas und Buddha selbst wird als Gottheit verherrlicht und nicht mehr als Mensch sondern als Vergöttlichung verstanden. Damit gibt es hier einen sehr üppigen, prunkvollen und ausgeprägten Kult. Hier kommt es nicht so sehr auf das Ideal des *Arhat* an, eines Weltentsagenden, der dadurch zur Erlösung gelangt. Im Zentrum steht der *Bodhisattva* als Erlösungshelfer, der sich aktiv für die anderen Menschen einsetzt: Der *Bodhisattva* strebt

---

[13] *Theravada* meint „Schule der Älteren". Der Theravada-Buddhismus ist dabei die größte und einzige überlebende Linie des Hinayana Buddhismus und ist in Sri Lanka und dem kontinentalen Südostasien (Myanmar, Thailand, Laos, Kambodscha und teilweise auch in Vietnam) verbreitet und in diesen Ländern die vorherrschende Richtung des Buddhismus.

zwar auch die Buddhaschaft an, verzichtet jedoch solange aufs Eingehen ins Nirvana, bis alle anderen Wesen auch erlöst sind. Er ist bereit, das Leid aller Wesen auf sich zu nehmen um die Frucht seiner guten Werke auf andere zu übertragen. In diesem Sinne geht es im Mahayana-Buddhismus nicht nur um das individuelle Erreichen des *Nirvana* sondern vielmehr darum, in der Welt zu bleiben, um als fast Erleuchteter *(Bodhisattva)* den leidenden Wesen als Lehrmeister *(Guru)* zu dienen. Der Lehrmeister *(Bodhisattva-Guru)* sieht sich als Personifizierung der Lehre *(Dharma)*. Er wird wiederum für fähig gehalten, effektive Hilfe zur Erlösung zu bieten, indem er seinen Schülern über persönliche Schwellen hinweghilft (Kamphuis 2007:30). Erlösungshilfe im Mahayana wird aber nicht nur von sichtbaren Lehrmeistern angeboten, sondern auch durch transzendente Buddha-Wesen. So wird von *Avalokiteshvara*, dem Buddha des Mitgefühls, auch Hilfe aus der unsichtbaren Welt erwartet. Der Mahayana-Buddhismus findet sich heute in den nördlichen Ländern des Fernen Ostens wie Japan, China, Tibet, Nepal, im indischen Bundesstaat Sikkim, in Bhutan und Korea.

1.6.4 Der Vajrayana[14]- oder Tantrayana[15] -Buddhismus

Der *Vajrayana*-Buddhismus (‚das Diamantfahrzeug') entwickelt sich allmählich ab 500 n.Chr aus dem Mahayana. Aus dem Bedürfnis heraus entstanden, die Vorstellungswelt des Buddhisten auf alte magische Praktiken auszudehnen, zeichnet sich diese Richtung durch ein ausgeprägtes Ritualwesen aus. Der Vajrayana-Buddhismus bezweckt die Erlösung durch die Methode der Zauberformeln, d.h. der Mantras. Es handelt sich dabei also um einen magischen Buddhismus (Frey 2004:9). *Tantrayana* wird als der steile Pfad der Erleuchtung beschrieben. Bei genauester Ausübung des aufgezeigten Weges soll es möglich sein, innerhalb eines Lebens zur großen Erleuchtung durchzudringen (Kamphuis 2007:32). Die wichtigsten Praktiken auf dem Weg zur Erleuchtung im Tantra sind dabei gemäß Kamphuis (2007:32) folgende. Erstens die Vorstellungskraft (Visualisierung): Die Person stellt sich vor, ein Buddhawesen zu sein und in seiner Welt zu leben. Zweitens psychoaktive Klänge (Mantren): Anbetungs-, Anrufungs- und Identifizierungsformeln, die ständig rezitiert werden. Je häufiger die Formel aufgesagt wird, umso größer soll die Wirkung sein. Drittens sexualmagische Kräfte: Spirituell machtvollstes Mittel sei „die

---

[14] *Vajra* bedeutet „Diamant", *yana* „Rad" oder „Fahrzeug"
[15] *Tantra* meint „Ursprung" oder „Entstehung von Wissen". Tantrismus ist demnach eine ganzheitliche Erkenntnislehre, die von der Untrennbarkeit der Relativen (Unerleuchteten) und des Absoluten (Erleuchteten) ausgeht. Durch eine mystische Verschmelzung könne das Relative (der unerleuchtete Mensch) zum Absoluten (erleuchtenden Buddha) transformieren (Kamphuis 2007:32).

sexuelle Vereinigung mit einem gegengeschlechtlichen Partner", wenn die sexuelle Energie in vorgeschriebener Art transformiert wird.

In den Tantra-Lehren reicht es nicht aus, nur die Schriften zu befolgen, denn es muss eine spirituelle Übertragung vom Guru an den Schüler stattfinden. Da der Mensch durch die genannten Praktiken sich selbst zu einem Buddhawesen emporarbeitet, könnte Tantrayana aus westlicher Sicht auch als ein Weg der Vergöttlichung bezeichnet werden.

Im Tantrayana geht es immer noch darum, den Zustand der Leere zu erreichen. Dieser Zustand hat jedoch verschiedene Ausdrucksformen und wird in bildhafter Weise in unterschiedlichen Gestalten dargestellt. So ist z.b. der *Avalokiteshara*, der Buddha des Mitgefühls, mit tausend Armen zu sehen, der in jeder Hand ein Auge hat. Diese Gestalt will z.b. zeigen, dass sie alles Leiden dieser Welt sieht und helfend eingreifen kann. Jeder Ausdrucksform des Buddha wird wiederum ein spirituelles Reich oder ein Palast zugeschrieben. Dieses Reich wird *Mandala*[16] genannt. Von der Entwicklung der ursprünglichen Lehre bis zu den außergewöhnlichen Lehren des Tantrayana sind ein zunehmender Bezug zur okkulten Welt und eine zunehmende Weltoffenheit zu beobachten (:33). Diese Form des Buddhismus wird deshalb von Hinayana als degenerierter/ entarteter Buddhimus betrachtet. Er ist besonders verbreitet in Tibet, Sikkim, Bhutan, der Mongolei, China und Korea.

1.6.5 Der Tibetische Buddhismus

Der tibetische Buddhismus ist die Religion des Dalai Lama („Der Lehrer, dessen Weisheit so groß wie der Ozean ist".), und wird deshalb auch Lamaismus (*Lama* ist ein ,Höherstehender', d.h. ein religiöser Meister) genannt. Der tibetische Buddhismus leitet sich aus dem Vajrayana ab (Frey 2004:9). Neben den typischen Eigenschaften des Vajrayana Buddhimus sind sexualmagische Praktiken, die Kalchakrata-Lehren und die Prophezeihungen über *Shambhala* kennzeichnend für den tibetischen Buddhismus (Frey 2004:10). Der Dalai Lama ist nach tibetisch-buddhistischer Auffassung eine Reinkarnation eines transzendenten *Bodhisattva,* also die leibliche Verkörperung eines göttlichen Helfers zur Erlösung. Der Dalai Lama ist somit ein Gottkönig (:10). Der *Bodhisattva* mit Namen *Avalokitekshvara* verkörpert sich von einem Dalai Lama zum nächsten: Der Bodhisattva Avalokiteshvara hat die Buddhaschaft erlangt, aber sein Eingehen ins Nirvana aufgeschoben/aufgegeben, um anderen Menschen auf ihrem Erlösungsweg zu helfen. Er

---

[16] „Mystisches Diagramm", welches in konzentrierter Anordnung meist aus einer Verbindung zwischen Quadraten und Kreisen – den gesamten Kosmos, die Götterwelt oder auch psychische Aspekte versinnbildlicht und als Meditationsbild dient (Kamphuis 2003:154).

tritt in verschiedenen Gestalten auf, hat vollkomme Weisheit und wird von den Gläubigen verehrt. Der erste Dalai Lama lebte ab 1391. Der 13. Dalai Lama verstarb 1933. Der jetzige 14. Dalai Lama wurde am 6. Juli 1935 in Osttibet geboren und 1937 eingesetzt und gilt als der. größte. Er wird als göttliche Gestalt angesehen.

1.7 Aussagen des Dalai Lama zum Thema Leid

Gerade weil in der westlichen Wahrnehmung der Dalai Lama eine immer wichtigere Verkörperung des Buddhismus darstellt, führe ich nachfolgend noch einige Aussagen von ihm zur Auseinandersetzung mit dem Thema Leiden an. Im Gegensatz zum ursprünglichen Buddhismus gewinnt er dem Thema Leiden nicht ausschließlich einen negativen Aspekt ab, was wiederum einer westlichen Weltanschauung etwas entgegen kommt. Der Dalai Lama beschreibt den Weg eines *Bodhisattva*. Dies sind Buddhisten, welche auf ihrem spirituellen Weg ihr ganzes Leben dem Wohlergehen anderer Wesen widmen. Geprägt wurde seine Lehre durch Shantidevas[17] Werk, das im 8. Jh. nach Christus geschrieben wurde und schon bald den Mahayana-Buddhismus stark prägte. Vor allem in Tibet hatte Shantidevas Buch eine wohl unübertroffene Wirkung auf das religiöse Leben des tibetischen Volkes. Shantideva verleiht dem Leiden darin auch durchaus einen positiven Aspekt: Es wecke aus dem spirituellen Schlummer, verleihe die Fähigkeit, echtes Mitgefühl mit anderen zu entwickeln und flöße Furcht vor eigenen Verfehlungen ein. Die Einsicht in das Leid verstärke das Verlangen nach geistiger Freiheit. Sofern man sich die richtige Einstellung zu Eigen mache, könne man selbst bei Schmerz und Leid sein Augenmerk auf die positiven Auswirkungen richten (Dalai Lama 1997:13ff). Der buddhistischen Lehre entsprechend lehrt der Dalai Lama dabei, dass der Hass und die negativen Emotionen keinen Anfang haben, aber dass sie ein Ende finden können. Das Bewusstsein hingegen habe keinen Anfang und kein Ende (:44). Das Leid könne insofern überwunden werden, wenn man auf leidvolle Ereignisse nicht mehr mit Hass und Wut reagiere. Shantideva (in Dalai Lama 1997:45) betont deshalb, dass die Einstellung dem Leid gegenüber entscheidend sei. Indem man sich auf die Natur des Leids besinne und indem man die Möglichkeit eines Einstellungswandels durch stetige Vertrautheit ins Auge

---

[17] Shantideva (von Shanti: innerer Friede und Deva; Sanskrit: Śāntideva; Geburtsname: Shantivarman; auch: Bhusuku; tibetisch auch: zhi ba lha; 7./8. Jahrhundert) war nach buddhistischer Überlieferung ein Königssohn aus Südindien, der in der ersten Hälfte des achten Jahrhunderts lebte und Mönch im Großkloster Nalanda wurde. Shantideva gilt u.a. als Verfasser der beiden Werke „Bodhicharyavatara" (Eintritt in den Weg der Erleuchtung) und des „Shikshasamuccaya" (Sammlung der Regeln), die die Lebensführung und Ethik eines Bodhisattva thematisieren. Besonders das Bodhicharyavatara zählt zu den „Klassikern" des Mahayana-Buddhismus (Wikipedia 2013. Shantideva).

fasse, verringere man diese Heftigkeit, so dass das Empfinden dem Leid gegenüber weniger unduldsam sei als zuvor. Dabei soll es Ziel sein, die drei Geistesgifte Hass, Anhaftung respektive Verlangen und Unwissenheit zu überwinden, damit das Leben befriedigend werde (:62 ff). Ob man Freude und Glück oder Unglück und Leid erlebt, hängt gemäß dem Dalai Lama schlussendlich vom eigenen Geisteszustand ab. Ersteres wird durch einen disziplinierten und gezähmten Geist bewirkt, letzteres jedoch durch einen undiszipliniertem, nicht friedvollen Geist. Das Nachdenken über das Leid kann seiner Meinung nach enormen Nutzen hervorbringen: Es verringert die Überheblichkeit und Selbstgefälligkeit, es steigert das Einfühlungsvermögen in das Erleben anderer Menschen und hilft, für sie Mitgefühl zu entwickeln, und es hindert daran, Unheil stiftende, Leid heraufbeschwörende Handlungen auszuführen.

Gemäß buddhistischer Lehre erlebt der Mensch dabei aber immer nur so viel Schmerz, wie er es aufgrund der eigenen Vergangenheit, des vorhergehenden Lebens verdient hat (=*Karma*). Wird einem also von jemandem Leid zugefügt, dann hat man dies in einem gewissen Sinne auch verdient. Diese Person eignet sich jedoch durch ihr Handeln wiederum schlechtes Karma an. Reagiert man dagegen aber mit Geduld und Nachsicht, dann sammelt man sich gutes Karma (:108 ff).

Auf die Frage nach dem Sinn des Lebens antwortet der Dalai Lama (:103) wie folgt:

> „Ich glaube, der Sinn des Lebens besteht darin, glücklich zu sein. Was aber ist Glück? Da gibt es viele Ebenen. Der Zustand der Buddhaschaft ist der größte Glückszustand. Der zweitglücklichste Zustand ist, Nirvana als Arhat erreicht zu haben. Natürlich gewährt dieser Zustand keine vollkommene Zufriedenheit, da der Geist noch manchen Makel aufweist. Da es hier jedoch kein auf Unwissenheit beruhendes Leid mehr gibt, ist dies ebenfalls ein glücklicher Geisteszustand. Ferner wird auch das Nachdenken über das nächste Leben und eine gute Wiedergeburt als Glück bezeichnet. In den niederen Daseinsbereichen herrscht hingegen mehr Leid, und deshalb ist eine Wiedergeburt in einem niederen Daseinsbereich nicht erstrebenswert. Wir versuchen, in einem höheren Bereich geboren zu werden, weil es dort mehr Glück gibt. (...) Glück ist nicht notwendigerweise ein egoistisches Empfinden. Es soll anderen zugutekommen und ihnen ganz gewiss nicht Leid und Unglück bringen. Es geht also nicht darum, sich lediglich ganz allein seines Glücks zu erfreuen, sondern auch anderen Menschen, anderen empfindenden Wesen, zu mehr Glück zu verhelfen."

Wir erkennen also, dass die Frage des Glücks im Buddhismus immer im Zusammenhang mit der Frage des Leidens beantwortet wird. Weiter ist festzuhalten, dass der Dalai Lama dem Leiden in Bezug auf einen Lerneffekt auch positive Aspekte abzugewinnen weiß.

2. CHRISTENTUM – BUDDHISMUS: EIN VERGLEICH

Trotz mancher Vergleichsstellen bleiben der buddhistische und der christliche Glaube nur schwer vergleichbar. Zu verschieden sind die geschichtlichen, kulturellen und weltanschaulichen Hintergründe. Sehr unterschiedlich ist auch die sprachliche Ausdrucksweise. Nebst Aspekten einer Außenperspektive eines Glaubens ist zudem immer auch eine Innenperspektive respektive die gelebte Glaubenspraxis eines Glaubens zu berücksichtigen. Diese wiederum lässt sich niemals auf eine nur systematisch-theologische Ebene reduzieren und reflektiert zudem bei allem Versuch von Objektivität immer eine gewisse Perspektive von gewählter Literatur sowie vom Standpunkt des Verfassers.

2.1 Gemeinsamkeiten im Verständnis und der Bedeutung des Leidens

Die Tatsache der Vergänglichkeit gibt dem Leben sowohl in Christentum als auch Buddhismus einen leidvollen und nicht befriedigenden Aspekt. Der Wunsch nach Besitz, Genuss, Macht und Erhabenheit sowie jegliche Begierde führen nicht zum wahren Leben, sondern sind Ursache des Leidens (vgl. die Bibel: Mk 8,36). In beiden Glaubensüberzeugungen wird der Zustand der Welt als nicht befriedigend beurteilt. Wir sind, wie wir nicht sein sollten, und tun darum notwendig, was wir nicht tun sollten. Dementsprechend prägt beide Glaubensrichtungen die Hoffnung, dass das Letzte, dass das Definitive ohne Leid sein wird. Dabei betont der Christ, dass das Leiden im ewigen Leben nicht mehr existieren wird. Die Erlösung von dem Leiden erfolgt dabei aber nicht durch eigene Anstrengung, sondern durch den Glauben an Jesus Christus.

Der Buddhist lehrt schon in dieser Welt die Erlösung vom Leiden und so kennt auch der Christ eine Befreiung und Erlösung, die schon in diesem Leben Auswirkungen hat. Weiter besteht eine gewisse Parallele darin, dass der Weg zum Buddha bzw. zum christlichen wahren Leben in „Verzicht" bzw. „Verleugnung" der eigenen Wünsche, Vorstellungen und Begierden liegt – das bedeutet weg vom Egoismus hin zu Selbstlosigkeit und Gewaltlosigkeit (, vgl. *Nachfolge* bei Mk 8,34f).

Voraussetzung, Bedingung oder das „Tor" zum rechten Glauben und zur rechten Nachfolge ist bei beiden Glaubensrichtungen eine „Erleuchtung" (buddhistisch) bzw. eine „Neugeburt" (christlich). Obwohl diese Erfahrungen in ihrer Art absolut unterschiedlich sind, ist ihnen gemeinsam, dass es sich um eine irrationale Erfahrung handelt.

Im Buddhismus wie auch im Christentum gilt der Anspruch an eine Ethik von Achtsamkeit und Mitgefühl. Man soll dem anderen kein Leid zufügen und ihm das tun, was man auch selbst gerne hat. Dem Ertragen von Verletzungen durch andere, welches Dalai Lama lehrt, kann man die Feindesliebe, welche Jesus uns aufträgt, gegenüberstellen. Auch die Bibel spricht davon, dass Gott selber Menschen bestrafen wird, die uns Leid zufügen, auch wenn sie nicht wie Dalai Lama davon spricht, dass dieser Mensch im nächsten Leben dafür abbüßen muss. Anders ausgedrückt, das Höchste ist „reines Wohlwollen" (vgl. christliche Nächstenliebe) statt „Habenwollen"; dazu gehören: keine üble Nachrede, keine bösen Taten, kein Hassen und totale Einheit von Glaube, Denken, Reden, Handeln, Entscheiden und Lebensweise.

Anders als der ursprüngliche Buddhismus lehrt der Dalai Lama (1997:56), dass man aus dem Leiden lernen kann. Diesen Aspekt kennt auch der christliche Glauben, welcher gemäß der Bibel durch Leiden und Prüfungen geläutert und gestärkt wird. Dalai Lama (1997:56f) spricht davon, dass ein Mensch eigentlich gar nichts dafür kann, wenn er anderen Leid zufügt. Wenn man will, kann man darin eine Parallele in der Bibel sehen, dass durch die Erbsünde bedingt der Mensch gar nicht anders kann, als zu sündigen. Doch der Mensch kann sich entscheiden, sich Gott zuzuwenden und aus dem Kreislauf des Sündigen-Müssens auszubrechen. Auch Dalai Lama (:56) spricht davon, dass man sich dagegen entscheiden kann, anderen Leid zuzufügen und auf Verletzungen mit Hass zu reagieren. Allerdings muss auch hier der Mensch sich selber erlösen, während der Christ von Jesus erlöst wird und durch den Glauben an ihn die Kraft erhält, Gutes zu tun.

2.2   Unterschiede im Verständnis und der Bedeutung des Leidens

Zum Ursprung von Leiden

Buddhas Ziel war ein praktisches: den schmerzenden „Pfeil" des Leidens, der dem Menschen im Fleisch sitzt, herauszuziehen, bevor er stirbt (Siegmund 1968:105). Um dieses Ziel zu erreichen, soll man auch alle Fragen unterlassen, wer den Pfeil abgeschossen hat und woraus der Pfeil selbst besteht (:105). Der ursprüngliche Buddhismus versucht also nicht, den Ursprung des Leidens zu ergründen. Ganz auf die Erlösung des Menschen vom Leiden konzentriert, lehnt Buddha Antworten auf spekulative Fragen wie die nach Gott und dem Ursprung der Welt ab. In diesem Sinne, auf dieser Ebene, ist der Buddhismus, wenn nicht atheistisch, so doch entschieden agnostisch.

Leiden ist sinnlos? Das Leben ist sinnlos!

Der Buddhismus verzichtet auf den Versuch, dem Leben angesichts des Leidens einen Sinn abzugewinnen. Nur das Erkennen des alles umfassenden Leidens habe Sinn, weil es den Menschen ansporne, sich auf den Erlösungsweg zu begeben. Das Leiden selbst sei jedoch sinnlos (Kamphuis 2007:61). Leiden, so heißt es, sei aufgrund der Auswirkung eines ewigen Kreises, gemäß der zyklischen Weltsicht der fernöstlichen Religionen einfach da und habe weder einen Anfang noch ein Ende. Im Gegensatz dazu ist es nach der Bibel die Sünde des Menschen, welche das Leiden in der Welt verursacht. Die Bibel beschreibt klar, wie es zur Sünde kam, wo und wie sie ihren Ursprung hatte und welch große Konsequenzen dies nach sich zog.

Erlösungsverständnis

Im Christentum, in der Bibel, wird die Erlösung als ein einmaliger Akt der Wiedergeburt respektive Neugeburt des menschlichen Geistes im Glauben an den Messias Jesus Christus gesehen. Die Wiederherstellung einer persönlichen Gemeinschaft zwischen Mensch und Gott wird geglaubt, die den Zugang zum ewigen Leben ermöglicht (Reimer 2003:26). Im Buddhismus hingegen wird der Weg zur Erlösung als willentlicher Tod seiner Selbst durch Askese, Meditation und eigenes Bemühen, zur Auflösung des Lebenswillens, als Eingang in ein unpersönliches Paradies, genannt Nirvana erlangt (:26). Oder noch etwas anderes ausgedrückt: Der Buddhist kann sich selber vom Leiden erlösen. Gemäß dem Dalai Lama handelt es sich dabei um eine reine Geistesübung. Im Christentum jedoch besteht die einzige Erlösung von Leid und Sünde im stellvertretenden Sterben von Jesus Christus. Gott selber ergreift also nach dem Zeugnis der Bibel die Initiative. Kein Mensch kann sich gemäß der Bibel selber vom Leiden erlösen. Oder noch etwas anders ausgedrückt: Jesus „lehrte" nicht einen Erlösungsweg (keine Anleitung zur Selbsterlösung wie die vier edlen Wahrheiten und der achtfache Pfad zum Nirvana), sondern sein Leben und Sterben (Kreuz) „sind" die Erlösung zur Nachfolge und wahrem Leben.

Leiden bei Buddha / Leiden bei Jesus

Eine Abbildung von Jesus am Kreuz oder ein in sich ruhender Buddha sind starke Gegensätze. Der Ausdruck der Buddha-Statue bedeutet nichts anderes, als dass Buddha mit der Überwindung des Leidens auch das Leben überwunden habe. Aus diesem Grunde zeigt er eine absolute Unerschütterlichkeit und bleibt unberührt von allem Leid, denn eigentlich ist er nicht mehr in dieser Welt (Kamphuis 2007:61). Von Jesus am Kreuz heißt es hingegen in Jesaja 53,2b in prophetischer Sicht: „Er hatte keine Gestalt und keine Pracht.

Und als wir ihn sahen, da hatte er kein Aussehen, dass wir Gefallen an ihm gefunden hätten." Mit dieser Aussage wird Gott in Menschengestalt beschrieben, nachdem er unmenschlich gegeißelt und ans Kreuz genagelt wurde. Ja, hier verließen ihn alle, sogar seine Jünger. An dieser Stelle, als Jesus das größte Werk der Welt erfüllte, wo er für die Sünde der Welt bezahlte, fehlte jede Ausstrahlung (:60). Kamphuis (2007:60) schreibt dazu, dass Jesus für einen Buddhisten, dessen Ziel die Überwindung allen Leidens im Zustand der Ich-Auflösung ist, als furchtbar Leidender und unter schlimmsten Qualen Sterbender unbegreiflich ist. In diesem Sinne sind Buddha und Jesus ein absoluter Gegensatz. Für einen Buddhisten ist Jesu Sterben am Kreuz mit dem Ausruf: „Mein Gott, mein Gott, warum hast du mich verlassen?" eine ernste Anfrage an die Tatsache, ob Jesus Gott kannte bzw. ins Nirvana aufgenommen wurde. Denn ein Mensch, der die Wahrheit kennt, würde friedlich sterben, mit einem glücklichen Ausdruck auf seinem Gesicht (Kamphuis 2007:60). Leid ist für den Buddhisten ein Zeichen des Unerlöstseins.

Unterschiede in Bezug auf das Sterben von Jesus und Buddha

Einen weiteren Unterschied finden wir in der Art des Sterbens von Buddha und Jesus: Buddha stirbt umringt und geehrt von seinen Jüngern, entweder bedingt durch das hohe Alter oder vergiftet, auf jeden Fall friedlich und nicht leidvoll. Jesus stirbt allein gelassen und verspottet einen qualvollen Tod, wie ihn normalerweise Verbrecher starben (Siegmund 1968:259). So ist denn Buddha auch kein Heiland, der konkretes Menschenleid wirklich heilte. Er nimmt sich nicht wie Jesus Christus der Kranken, der Aussätzigen, der Ausgestoßenen, der Zöllner, der Sünder, der Geängstigten, der Verwirrten, der Suchenden, der Kinder an. Jesus Christus hat sich um die Notleidenden, die Hungernden, die Dürstenden, die Kranken, die Gefangenen nicht nur gekümmert, er hat sich mit ihnen gleichgesetzt und verheißen, er werde das, was man jenen getan, so vergelten, als hätte man es ihm selbst getan (Siegmund 1968:276). Jesus hat Menschen geheilt und sie auch in diesem Leben von ihrem Leiden befreit. Trotzdem hat er das Leiden als solches nicht aus der Welt geschafft. Alle Heilungen durch Jesus hatten zum Ziel, dass ein Mensch tiefer befreit und erlöst wird, nämlich von seiner Sünde und Trennung von Gott. Der Buddhismus kennt zwar auch verschiedene Götter, die man um Hilfe anrufen kann. Allerdings sind diese Götter genauso wie die Menschen dem Karma unterworfen und werden deshalb wiedergeboren.

Ist Leiden nur „Negativum"? Unterschiedliches Leidverständnis

Im ursprünglichen Buddhismus ist „Leiden" in jeder Hinsicht das Negativum, der Unwert. Buddha verabscheut das Leiden und will es unbedingt umgehen. Jesus hingehen bejaht das

Leiden als eine tragische aber unumgängliche Erfahrung in der Nachfolge und im Glauben, und dazu eine Chance zur Reifung (vgl. Mk 8,34f). Gemäß der Bibel kann das Leiden aber auch eine Erziehungsmaßnahme Gottes sein. Leiden kann den Menschen auch darauf hinweisen, dass sein Verhältnis zu Gott nicht in Ordnung ist. Zweifelsohne beschreibt die Bibel auch die andere Seite, die negative, nämlich, dass Leiden eine Konsequenz der Sünde ist, die den Menschen von Gott trennt.

Der Buddhismus lehrt die Erlösung von allem Übel und Bösen, von allem, was eine wahrhaft lebenswerte Existenz beeinträchtigt und verunmöglicht. Für Christen gilt aber nicht der totalitäre Anspruch des Buddhisten, dass das Leben Leiden an und für sich bedeutet. Die positive Weltschau der Bibel geht davon aus, dass Gott diese Welt geschaffen und sie als gut befunden hat. Das Schlechte kam zwar in die Welt, war aber nicht „geplant". Jesus hat diese böse und leidvolle Welt überwunden und wer mit ihm lebt, kann dasselbe tun. Wenn wir erlöst werden, können wir zu der ursprünglichen Schöpfungsordnung zurückfinden.

Weltbejahung oder Weltverneinung

Weil jede Zuwendung zu Mensch und Welt im Buddhismus die Gefahr in sich birgt, sich zu binden und eine neue Wiedergeburt zu bewirken, wird eine volle Zuwendung zum Nächsten verhindert. Aus der christlichen Weltbejahung erwächst eine aktive, positive Liebe der Bejahung aller anderen Menschen. Diese Liebe soll zur Tat werden. Eine solche Liebe ist dem ursprünglichen Buddhismus fremd, sein Wohlwollen im Grunde passiv, insofern es niemandem wehtut. Ist der Buddhist erst einmal erlöst, zeichnet ihn ein Desinteresse an allem, was auf dieser Welt geschieht, aus. Er kennt die Schmerzen des Leidens nicht mehr. Eine solche Gleichgültigkeit gegenüber der Sünde und dem Leben anderer ist dem Christen fremd.

Unterschiedliches Verständnis in Bezug auf die Weltverantwortung

Der Weg zur Aufhebung des Leidens führt den Buddhisten von sich als einem Ich oder Selbst fort und lässt ihn immer tiefer und vollkommener zu allem Begegnenden sagen: „Dies ist nicht mein, dies bin ich nicht, dies ist nicht mein Ich". In diesem das Ich-lösenden Vorgang steckt der Grund der Möglichkeit alles Weiteren. Je weiter sich der Buddhist in die „Realität" dieser *Anatta*[18]-Lehre einzulassen vermag, umso näher kommt er der

---

[18] Die „Anatta"-Lehre versucht die Buddhisten zu ermutigen, sich vom unangebrachten Anklammern an das zu lösen, was als fester Wesenskern betrachtet wird. Denn erst dadurch – unterstützt von ethischem Verhalten und Meditation – kann der Weg zur völligen Befreiung (*Nirvana*) erfolgreich gegangen werden.

Erlösung. Das bedeutet aber auch der Abbau der persönlichen Verantwortlichkeit, wie wir das bezeichnen würden. Der Buddhist arbeitet so auf die Unberührbarkeit durch Weltliches hin. Der Christ hingegen sieht sich von Gott in diese Welt gestellt. Er hat gemäß dem Schöpfungsbericht der Bibel den bedeutenden Auftrag, diese Welt zu verwalten (1. Mose 1,28f).

Vom inneren Frieden zum Weltfrieden

Dem stressgeplagten und übersättigten westlichen Wohlstandsmenschen scheint der Buddhismus attraktiv; weil er einen inneren Frieden ausstrahlt. Indem der Dalai Lama 1989 den Friedensnobelpreis bekam, wurde sein lächelndes Gesicht eine Art Hoffnungszeichen für den Weltfrieden. Dalai Lama (1997:47) schreibt zum Thema Gewalt im Umgang mit der chinesischen Staatsführung folgendes, was gewisse Ähnlichkeiten mit der (christlichen) Feindesliebe aufweist:

„Bei unserem Umgang mit der chinesischen Staatsführung waren wir immer bestrebt, negative Emotionen zu vermeiden. Ganz bewusst legen wir großen Nachdruck darauf, uns nicht von unseren Emotionen übermannen zu lassen. Stellt sich auch nur das geringste Zeichen dafür ein, dass ein Gefühl von Wut aufkommt, halten wir daher bewusst inne und versuchen, es zu überwinden, um dann den Chinesen bewusst Mitgefühl entgegenzubringen. Einer unserer Beweggründe, mit einem Menschen, der ein Verbrechen begeht, beziehungsweise mit einem Aggressor Mitgefühlt zu empfinden, ist hierin zu suchen: Da der Aggressor ein Verbrechen begeht, steht die betreffende Person im Begriff, die Ursachen und Bedingungen anzusammeln, die später zu unerwünschten Konsequenzen führen. Unter diesem Gesichtspunkt gibt es Veranlassung genug, dem Aggressor Mitgefühl entgegenzubringen."

Beim Thema Frieden „ahnen" aber die wenigsten, was Buddhisten unter innerem Frieden oder Weltfrieden verstehen. Ein Hinayana- oder Theravada Buddhist glaubt, dass innerer Friede dann in einem Menschen einkehre, wenn er sich in dem Zustand des *Nirvana* aufgelöst habe (Kamphuis 2007:53). Für einen Mahayana-Buddhisten entsteht wahrer Friede, wenn die innewohnende Buddhanatur völlig zum Tragen kommt (:53). Ein Vajrayana oder Tantrayana-Buddhist will über die Entfaltung der eigenen Buddhanatur hinaus auch diese Welt mit dem Frieden Buddhas durchdringen (:53). Da allgemein der Gedanke besteht, der Buddhismus sei eine friedliebende Religion ohne Kriege, möchte ich einfach noch anmerken, dass es im Tantra-Buddhismus auch andere Formen gibt. So soll aus tantrischer Sicht nicht nur die Unwissenheit in einem Menschen, sondern auch die Unwissenheit in der Welt vernichtet werden. Das bedeutet, dass letztlich auch Menschen, die Unwissenheit durch falsche Lehren – wie dem Gauben an einen Gott – festhalten und verbreiten, bekämpft werden müssen (Kamphuis 2007:56). Bhutan, in dem der Vajarayana-Buddhismus Staatsreligion ist, gehört heute zu den zehn Ländern, in denen Christen am schlimmsten verfolgt werden (:56). In diesem Sinne kann Zorn und Töten aus tantrischer Sicht eine „reine" Motivation haben. Nach dem Motto: „Der Zweck heiligt die Mittel" kann aktive Kriegsführung bejaht werden, wenn es einer weltumfassenden Erleuchtung der Verbreitung des Buddhismus dient. Wir sehen also, der Buddhismus hat unterschiedliche Verständnisse zum Frieden, je nach Glaubensrichtung.

Frieden und Jesus Christus

Wie die Anhänger aller Religionen haben leider auch Christen furchtbare Kämpfe geführt. Auch sie haben zum Teil mit Waffengewalt ein weltweites Christentum durchsetzen wollen. Die Kreuzzüge sind heute noch eine abschreckende Erinnerung an den Machtmissbrauch, den Menschen im Namen Gottes begingen. Diese Kämpfe und Machtdemonstrationen stehen jedoch im Gegensatz zu der Lehre und dem Leben Jesu. Im Verhör mit dem römischen Statthalter Pilatus gab Jesus zwar zu, ein König zu sein, machte aber gleichzeitig klar: „Mein Reich ist nicht von dieser Welt (Joh 18,36)". Die Wahrheit seiner Aussage bewies er damit, dass er seien Diener nicht für sich kämpfen ließ. Weil Jesu Reich nicht von dieser Welt ist, versprach Jesus keinen Weltfrieden. Er sei nicht gekommen, um Frieden zu bringen, sondern das Schwert (Mat 19,34f). Sogar innerhalb der Familien würde es um seinetwillen Entzweiung geben. Dies sagte er nicht, um zum Kampf aufzufordern, sondern um die Realität der Tatsache zu beschreiben, dass nicht alle sein Angebot, nämlich Versöhnung mit Gott, in Anspruch nehmen würden. Der Friede, den er brachte, war also nicht in erster Linie Weltfrieden, sondern Frieden mit Gott (Kamphuis 2007:57).

Achtsamkeit und Mitgefühl

An dieser Stelle ist vielleicht noch interessant, zu erwähnen, dass im Gegensatz zum Buddhismus die positiven Werte wie Achtsamkeit und Mitgefühl im Christentum nicht Mittel zur Erlösung, sondern eine Weitergabe der Liebe Gottes sind. In der Geschichte vom barmherzigen Samariter (Lukas 10,25-37) erläutert Jesus z. B. das christliche Verständnis von Mitgefühl oder Barmherzigkeit. Dem barmherzigen Samariter geht es dabei in seiner Hilfsaktion nicht um eine Erleuchtung oder um sein Seelenheil. Der barmherzige Akt ist eine Reaktion auf die Gefühle seines Herzens gegenüber einer Notlage. Auf dieser Grundlage sind darum im Christentum auch weltweit diakonische Werke oder Hilfsorganisationen entstanden.

Ein persönlicher Gott?!

Das höchste Gebot und Ziel des menschlichen Lebens ist für Jesus die Liebe zu Gott und zu den Menschen. Die Liebe zu Gott ist für Buddha dagegen kein Thema, die Liebe allgemein eine zwiespältige Angelegenheit, weil Bindungen immer auch Leid verursachen und dies die Wurzel allen Übels ist. An dieser Stelle kommt ganz stark der große Unterschied eines agnostischen Glaubens im Gegensatz zum Glauben an einen persönlichen Schöpfer zum Ausdruck. Zwar lehrt Jesus, dass Selbstverleugnung sowie Selbstlosigkeit Kennzeichen des rechten Glaubens sind. Dabei ist aber nie die „Auslöschung" des Ich gemeint. Mit anderen Worten: Im Christentum steht die Beziehung zu Gott und die daraus folgende Würde des einzelnen Menschen, sowie seine ganz persönliche Lebenssituation und das persönliche Leiden im Vordergrund. In den buddhistischen Reden geht es dagegen beim Thema „Leiden" niemals um konkretes wirkliches Einzelleiden. Georg Siegmund (1968:279) führt dazu aus:

> „Es geht nicht um den in Hoffnungslosigkeit versinkenden Kranken, der seit achtunddreißig Jahren gelähmt ist, es geht nicht um das Leid einer Witwe, die ihren einzigen Sohn verloren hat, es geht nicht um eine Sünderin, in deren Herzen eine brennende Scham und Reue aufgestiegen ist. Es geht nicht um die pädagogisch kluge und langsame Führung eines Simon Petrus, der so von seinem stürmischen Temperament und seiner massiven Auffassung vom Gottesreich zu einem geistig vertieften Verständnis, zur Einsicht in die Notwendigkeit des Opferleidens des Messias gelangt. Es geht auch nicht um die Rückholung eines im Eigensinn verrannten Thomas zum froh aufleuchtenden Glauben an den Auferstanden."

3. MISSION UNTER BUDDHISTEN

3.1 Grundsätzliche Gedanken

Ganz zuerst muss festgehalten werden, dass Buddhismus nicht gleich Buddhismus ist und in den unterschiedlichsten Formen existiert. Noch in derselben Kultur kann die Handhabung des buddhistischen Glaubens im Alltag stark variieren. In diesem Sinne ist es unerlässlich, sich zuerst mit der Sprache, Kultur und Glaubensauffassung des entsprechenden Landes resp. der Region zu befassen. Nur so kann es gelingen, den christlichen Glauben kontextgerecht zu vermitteln.

3.2 Den Buddhismus verstehen

In Anlehnung an die Ausführungen von Kang Tan San (2007:1ff) möchte ich folgende drei Punkte als Hauptherausforderung skizzieren, um Buddhisten zu erreichen:

Den Buddhismus verstehen

Die erste Herausforderung für christliche Mitarbeiter ist die, den buddhistischen Glauben und seine Weltanschauung zu verstehen. Weit verbreitete Unwissenheit unter Christen und Karikaturen von buddhistischem Glauben sind nicht mehr haltbar in einer Zeit, die multireligiös geprägt ist und wo Christen dem Buddhismus auf der Straße begegnen. Ohne tiefes Verstehen des Buddhismus ist es für Christen schwierig, Brücken für das Evangelium zu bauen (Kang Tan San 2004:1f). Biblische Schlüsselthemen wie Schöpfung und Errettung müssen durch sorgfältige Übersetzungen und aussagekräftige Entsprechungen von biblischen Bedeutungen dem buddhistischen Hörer nahegebracht werden. Bodenständige Bilder, Gleichnisse, Übereinstimmungen und Geschichten sind Werkzeuge, um das Evangelium zu vermitteln.

Kulturell relevante Gemeinden gründen

Wir sind herausgefordert, glaubwürdige einheimische christliche Gemeinschaften in der buddhistischen Welt zu entwickeln. Welche Form sollte solch eine Gemeinschaft mitten unter buddhistischen Tempeln haben? Wie kann die Gemeinde neue Christen in einer buddhistischen Gesellschaft so schulen, dass sie in ihrem sozialen Umfeld bleiben? Was ist ihr Beitrag zum sozialen Netzwerk außerhalb der Gemeinde? Wie sind die Qualität und die Glaubwürdigkeit von einheimischen Gläubigen und Gemeinschaften in traditionellen buddhistischen Gesellschaften?

Solche Fragen können zu einer anderen Art von Mission führen, die nicht bei der Bekehrung stehen bleibt und damit der buddhistischen Kultur kaum begegnet.

„Missionsmethoden" kritisch überdenken

Wenn christliche Mission buddhistischer Weltanschauung begegnen will, müssen wir bestimmte vorherrschende Motive und Missionsmethoden kritisch bedenken, wie z. B. Kurzzeit-Mentalität, individuelle Jüngerschaft, „Missionsarbeit" ohne gründliche kulturelle Kompetenz und den Mangel an evangelikalem Material über den Buddhismus. In diesem Sinne lohnt es sich, den Buddhismus zu verstehen und Buddhisten in ihrem Eifer nach Überwindung des Leides ernst zu nehmen. Wer sich mit Buddhas Lehre und gleichzeitig mit der Bibel befasst, für den wird die Frohe Botschaft von Jesus Christus zu einem hellen Licht werden, dass er gerne weitergeben möchte. Dies ist wenigstens meine persönliche Einschätzung.

3.3   Den Glauben weitergeben

Inhalt

Folgende Hauptpunkte können Gedankenanstöße für uns Christen sein im Umgang mit fernöstlichen Buddhisten:

- Eine Begriffserklärung ist vorab zwingend erforderlich: Gott ist kein anderer Name für Buddha. Gott ist kein Zustand oder eine unpersönliche Kraft, sondern eine Person. Er ist kein Gott im buddhistischen Sinne, denn er ist nicht sterblich, sondern hat alles geschaffen. Von ihm geht die Erlösung aus.

- Jesus ist nicht mit dem Bodhisattva gleichzusetzen. Während ein Bodhisattva nur so lange hilft, bis ein Leben im Zustand des Buddha erlischt, ist Jesus der Erlöser in Ewigkeit. Die Heilige Schrift sagt, dass er bereits da war, als noch nichts existierte (Kamphuis 2007:74f).

- Der Buddhismus sieht die Welt und alle Wesen als Illusion. Das Christentum sieht sie als Realität, nämlich als Schöpfung und Geschöpfe Gottes.

- Liebe, Friede, Mitgefühl, Freude und Disziplin werden im Buddhismus angestrebt um sich und anderen zu helfen, die Erleuchtung zu erlangen. Christen bekommen sie aufgrund ihrer Beziehung zu Jesu Christus geschenkt und sollten sie ohne einen persönlichen Nutzen (und schon gar nicht, um sich ihre eigene Erlösung damit zu verdienen) weitergeben.

- Buddhisten müssen, um die Erleuchtung zu erlangen, nicht nur viele gute Werke tun, sondern haben auch (rituelle) Opferpraktiken, um ihr Karma zu verbessern.

Beachten Sie bitte, wie schwer es für Sie persönlich ist, dem Maßstab der vorgeschriebenen Regeln gerecht zu werden, und dass das negative Karma trotz vieler guter Werke nicht erlischt. Gott weiß, und auch Christen wissen, dass Menschen den Maßstäben Gottes nicht gerecht werden können, darum hat Gott sich erbarmt und hat sich in der Gestalt von Jesus Christus inkarniert. Er hat sich bewusst ans Kreuz schlagen lassen, um alle Verfehlungen der Menschen auf sich zu nehmen. Damit hat er selbst das Opfer für die gesamte Menschheit gebracht. Jeder, der dies glaubt und für sich persönlich in Anspruch nimmt, ist erlöst (Kamphuis 2007:74f).

- Wären Sie bereit, Geschichten von Buddhisten zu lesen, die Vergebung ihrer Sünde erfuhren und Christen geworden sind?

- Im christlich-buddhistischen Dialog dürfen Inhalte wie Gott, Jesus Christus, Sünde, Gnade, Vergebung und Erlösung nicht gemieden werden.

- Im Gegensatz zum rührungslosen lächelnden Buddha berührt der leidende Christus am Kreuz vielmehr die reale Notlage unserer Welt. Er identifiziert sich mit Sünde, Krankheit und Tod und zeigt Gottes Barmherzigkeit gegenüber den Schwachen (Kamphuis 2007:74f).

- Viele Buddhisten setzen ihre ganze Kraft ein, um sich ihrem ungewissen Ziel anzunähern. Inwieweit sind wir Christen noch bereit, Gott von ganzem Herzen, aus ganzem Verstand und aus ganzer Kraft zu lieben (Markus 12,30) und Jesus Christus mit allen Konsequenzen nachzufolgen?

Strategie und Herausforderung:

Weil eine große Herausforderung in der Mission von Buddhisten darin besteht, dass ihnen jeglicher Bezug zur biblischen Weltanschauung fehlt, empfiehlt Tennet, (2002:9ff) sich zuerst mit dem Problem der Menschheit auseinander zu setzen bevor die Existenz eines Schöpfergottes erklärt wird. Eine Möglichkeit besteht darin, zu fragen: „Was ist wahres Glück?" Eigentlich möchte ja jeder Mensch glücklich sein, aber für einen Buddhisten ist das nicht möglich, weil das Leben an und für sich Leid bedeutet. Dieses Leid wird ausgelöst durch das Begehren. Vom Leiden befreit zu werden, so wie es der Buddhismus lehrt, ist für einen gewöhnlichen Buddhisten meistens ein nicht zu erreichendes Ziel. Der Christ kann nun aufzeigen, dass man zwar nicht alles Leid aus der Welt schaffen kann, aber dass wahres Glück erreicht werden kann, wenn der Grund des Leides erkannt wird. Der Ursprung des Leidens liegt in der Ignoranz Evas gegenüber Gottes Gebot und dem Fall der Menschen. Der wahre Grund des Leidens liegt darin begründet, dass der Mensch nicht die wahre Weisheit beachtet, und die wahre Weisheit besteht im Gehorsam gegenüber Gott. Der Wunsch nach falscher Weisheit bringt Leiden. Dieses Leiden ist aber nicht ewig, wie das Leben auch nicht ewig dauert. Für den Menschen, der Gott vertraut, endet das Leiden mit dem Ende seines Lebens. Wahres Glück kann also erreicht werden, wenn jemand den Ursprung des Leidens versteht. Die Erklärung des Evangeliums muss mehrmals geschehen, bis ein Buddhist diese Wahrheit erkennen kann.

Eine Frage der richtigen Haltung:

Es geht nie darum, den Buddhismus zu widerlegen, sondern einen buddhistischen Menschen für Jesus zu gewinnen. Es geht also nicht darum, als erstes die buddhistische Lehre des *Karma*, der Wiedergeburt, der Erlösung usw. mit logischen Argumenten zu widerlegen, sondern anhand der eigenen Erfahrungen in unser Beziehung zu Gott Zeugnis zu geben. Weiter ist zu beachten, dass die Voraussetzung zur Erreichung von Menschen die richtige Haltung ihnen gegenüber ist. Wer es verpasst, das Gute der Kultur zu schätzen und anzuerkennen, läuft Gefahr, seine eigene Kultur jemandem überzustülpen.

Abschließend sei dies noch erwähnt: In dem Wissen, dass Jesus Christus den Menschen in seinem Leiden nicht alleine gelassen hat, kann gerade in der Auseinandersetzung mit dem Thema des Leidens das Evangelium der Bibel an Strahlkraft gewinnen.

BIBLIOGRAPHIE

Bergmann, Gerhard 1969. *Jesus Christus oder Buddha, Mohammed, Hinduismus?* Gladbeck: Schriftenmissions-Verlag.

Dalai Lama 1997. *Was aber ist Glück? Fragen an den Dalai Lama.* Limitierte Sonderausg. Frankfurt am Main: Fischer-Taschenbuch-Verl.

Frey, Marius 2004. *Zyklotron. Vorlesungsskript Fernöstliche Religionen.*

Glasenapp, Helmuth von (Hrsg.) 2005. *Die fünf Weltreligionen. Hinduismus, Buddhismus, Chinesischer Universismus, Christentum, Islam.* Kreuzlingen, München: Hugendubel.

Haller, Immanuel 2000. *Relativismus contra Wahrheit. Die Einzigartigkeit des Evangeliums der Bibel im Vergleich mit den Weltreligionen.*

Kamphuis, Martin & Kamphuis, Elke 2000. *Ich war Buddhist. Das Ende einer Pilgerreise.* Basel, Giessen, München: Brunnen-Verl.; Pattloch.

Kamphuis, Martin & Kamphuis, Elke 2002. *Buddhismus auf dem Weg zur Macht?* 3 . Aufl. Schöffengrund: Leuchtturm Verlag.

Kamphuis, Martin 2007. *Buddhismus. Religion ohne Gott.* Holzgerlingen: Hänssler.

Küng, Hans 1998. *Christentum und Weltreligionen. Buddhismus.* 2 . Aufl. München, Zürich: Piper.

Reichle, Verena 1996. *Die Grundgedanken des Buddhismus.* Originalausg., 21.-25. Tsd. Frankfurt a.M: Fischer-Taschenbuch-Verlag.

Reimer, Johannes 2003. *Buddhismus. Der Weg zur Erleuchung.* Lage: Logos-Verl.

Scherer, Burkhard 2005. *Buddhismus. Alles, was man wissen muss.* Gütersloh: Gütersloher Verl.-Haus.

San, Kang Tan 2007. Buddhimus auf dem Vormarsch? Ostasiens Millionen. 4/ 2007. Mücke: ÜMG

Schirrmacher, Thomas, Budde, Berthold & Laue-Bothen, Christine (Hrsg.) 2002. *Harenberg Lexikon der Religionen. Die Religionen und Glaubensgemeinschaften der Welt: ihre Bedeutung in Alltag, Geschichte und Gesellschaft.* Dortmund: Harenberg.

Siegmund, Georg 1968. *Buddhismus und Christentum. Vorbereitung eines Dialogs.* Frankurt am Main: Josef Knecht.

Tennent, Timothy 2002: Using Thai Concepts, Terms and Stories to share the Gospel with Thai Buddhists in an understandable way, Karl D., WM603 History of Missions, November 2002.

Wikipedia 10.12.2011. Die freie Enzyklopädie 2011 Artikel: Nirvana Online im Internet: http://de.wikipedia.org/wiki/Nirvana [10. Dezember 2011].

Wilder-Smith, Arthur E. 1985. *Ist das ein Gott der Liebe?* 5. Aufl. Neuhausen-Stuttgart: Hänssler.